NOTICE BIOGRAPHIQUE

SUR

M. PALISOT, Baron DE BEAUVOIS,

(AMBROISE-MARIE-FRANÇOIS-JOSEPH),

Membre de l'Institut, de la Société royale et
centrale d'Agriculture, etc., etc.;

PAR M. SILVESTRE,

Secrétaire perpétuel de la Société royale et centrale d'Agriculture,
Membre de l'Institut royal, etc.

A PARIS,

DE L'IMPRIMERIE DE MADAME HUZARD
(née VALLAT LA CHAPELLE),
Rue de l'Éperon Saint-André-des-Arts, n°. 7.

1820.

NOTICE BIOGRAPHIQUE

Sur M. Palisot; *baron* de Beauvois (Ambroise-
Marie-François-Joseph), *membre de l'Institut,
de la Société royale et centrale d'Agriculture,
etc., etc.*

Ambroise-Marie-François-Joseph Pa-
lisot, baron *de Beauvois*, chevalier de la Lé-
gion-d'Honneur, membre de l'Institut, de la
Société royale et centrale d'Agriculture et de
plusieurs autres Sociétés savantes françaises et
étrangères, naquit à Arras, département du Pas-
de-Calais, le 27 juillet 1752. Il était issu d'une
très-ancienne famille de robe, son grand-père
était le quatrième de son nom, premier prési-
dent au Conseil supérieur de l'Artois; mais son
père avait changé le premier cette direction hé-
réditaire, il était receveur général des domaines
de la Flandre et de l'Artois, et jouissait d'une
fortune considérable.

Palisot de Beauvois fit de bonnes études au
collége d'Harcourt; c'était dans le même établis-

sement que *Petit de Beauverger* avait été élevé, et cette éducation pareille produisit des effets très-différens sur ces deux hommes doués de dispositions naturelles très-peu semblables.

Palisot de Beauvois avait un caractère ardent et imperturbable ; il ne pliait ni devant les hommes, ni devant les circonstances ; se laissant aller facilement à l'enthousiasme, il avait une grande mobilité dans la conception de ses projets ; mais il conservait une ferme persévérance dans l'exécution de ceux qu'il avait adoptés, comme dans les affections qu'il avait éprouvées. Livré dans sa jeunesse à une dévotion fervente, il avait voulu un moment se faire chartreux ; ses parens résistèrent avec force à cette vocation, et parvinrent pour cette fois à le dissuader : il entra dans les mousquetaires du Roi ; mais il se fit de nombreuses affaires dans ce corps, y resta peu de temps et se décida enfin à suivre le droit : il fut reçu avocat au Parlement de Paris.

Il s'occupait beaucoup alors de l'étude de l'histoire naturelle et de celle de la musique ; il était parvenu à jouer de plusieurs instrumens avec une rare perfection ; en histoire naturelle c'était la botanique qu'il affectionnait particulièrement. Il s'était lié très-intimement avec *Lestiboudois*, botaniste recommandable, qui lui donna des leçons. Il n'oublia jamais les soins de ce professeur, et il se trouva heureux plus tard de pouvoir rendre le même service aux petits-enfans de son maître.

Cependant, ayant perdu son frère aîné, il fut pourvu de la charge de receveur des domaines que son père avait exercée; mais ces sortes de places devinrent l'objet des premières suppressions de M. *Necker*, à son entrée au ministère. M. *de Beauvois* se consola facilement de la perte qu'il éprouvait; il considéra sur-tout la liberté qu'il acquérait de s'occuper davantage de la botanique, et il se livra entièrement à cette étude. Déjà il avait lu plusieurs mémoires intéressans à l'Académie des sciences, déjà il avait été nommé correspondant de cette Société ; mais l'ardeur qu'il avait de s'instruire se trouvait trop à l'étroit dans les cabinets, dans les jardins, dans les campagnes même qu'il parcourait aux environs de Paris. Les herbiers des plantes étrangères qu'il visitait chez ses savans amis, les voyages lointains dont il dévorait la lecture, enflammaient son imagination ; il voulait parcourir des pays encore inconnus aux naturalistes, il voulait fournir à la science de nouvelles richesses. Le voyage de *Niebhur* l'avait sur-tout frappé ; il déplorait la mort de *Forsckal*, qui, dans ce voyage, avait été pris et dépouillé par les Arabes, et qui avait péri de la peste; il voulait achever l'entreprise hardie de cet infortuné naturaliste; il forma le plan de ce voyage, le soumit au ministre et en reçut d'abord un favorable accueil, auquel les événemens ne permirent pas de donner suite; il tenta aussi inutilement de faire partie de l'expédition de *Lapeyrouse*. Un jour enfin, M. de *Jussieu*, son ami, lui ayant demandé s'il connaissait un jardinier qui voulût aller en Afrique: J'ai trouvé, lui dit-il, votre homme, ce sera moi qui serai le jardinier que vous demandez.

A cette époque, un petit prince Nègre occupait tout Paris. Chacun voulait connaître le fils du Roi d'Oware qui était entretenu aux frais du Gouvernement français, trompé par une jonglerie imaginée à Oware même pour donner plus d'activité à un commerce qui pouvait alors offrir de l'intérêt. Le prétendu prince était un simple sujet, que le Roi d'Oware avait confié à un capitaine de vaisseau marchand, et qu'on était convenu de faire passer pour le fils de ce souverain; il était censé l'avoir envoyé en France à l'effet d'obtenir une redevance annuelle pour la cession d'un vaste terrain destiné à former un établissement français à l'embouchure de la rivière Formose.

M. de *Beauvois* devint aisément dupe de cette supercherie africaine. Le royaume d'Oware, celui de Benin qui l'avoisine, situés sur la Côte-de-Guinée, étaient des contrées qui n'avaient jamais été visitées par aucun naturaliste ; il se voyait d'ailleurs traversant ensuite la vaste étendue de l'Afrique, et revenant en France par l'Egypte et par la Méditerranée. Il fit connaissance avec le prétendu prince *Boudakan*, se lia avec le capitaine de vaisseau qui devait le conduire ; il obtint la permission de les accompagner, commença un vocabulaire de la langue d'Oware, et partit avec eux en juillet 1786.

Il avait eu besoin de fonds pour l'immense et périlleux voyage qu'il entreprenait. Tout ce qu'il put obtenir du ministère, et après de vives sollicitations de l'Académie des sciences et celles de M. d'*Angivillers*, ce fut l'avance de quatre années d'arrérages d'une rente qu'il avait sur l'Etat, et qui lui produisit environ 30 mille francs.

Il relâcha à Lisbonne, où il fit des collections de plantes et d'animaux qu'il envoya en France, et après une longue traversée dans laquelle il essuya les retards et les accidens trop communs dans les voyages de long cours, il arriva à l'embouchure de la rivière Formose, le 17 novembre 1786.

M. *de Beauvois* avait fait une trop légère attention aux observations qui lui avaient été communiquées sur l'insalubrité des terres d'O-ware et de Bénin, qui sont les pays peut-être les plus malsains du globe. Sur la côte, les plus petites marées se font sentir à vingt lieues dans l'intérieur des terres, où l'eau des rivières commence seulement à devenir potable; elles occasionnent de continuels débordemens de ces rivières, et l'immense terrain que les eaux laissent à découvert en rentrant dans leur lit, est un cloaque fangeux dans lequel restent déposés une foule d'animaux qu'un soleil brûlant fait bientôt périr, et qui établissent dans ces parages un foyer perpétuel d'infection. Ce pays, depuis plus d'un siècle, n'était fréquenté que par quelques marchands qui vont y faire le commerce des esclaves et des dents d'éléphans. Les établissemens que les Portugais et les Hollandais y avaient formés jadis, avaient été complétement détruits, et nos voyageurs eurent pour premier spectacle à leur arrivée, celui d'un navire portugais dans lequel le capitaine, deux matelots et l'aumônier restaient seuls vivans, et celui d'un navire anglais qui faisait la traite, et dont l'équipage était réduit à trois blancs qui étaient dans l'état le plus malheureux, et qui bientôt après furent obligés de se défaire de deux cent cinquante nègres qu'ils avaient réunis, ne pouvant plus les conduire en Amérique. Ces exemples effrayans, les maladies et la mortalité qui attaquèrent bientôt l'équipage français, n'arrêtèrent pas M. *de Béauvois*, qui, fort de son courage et de son bon tempérament, se livra avec ardeur à faire des observations sur l'histoire naturelle et sur les usages singuliers des habitans du pays. Il visita les campagnes et y recueillit des plantes intéressantes, et de nouvelles espèces d'animaux. Présenté au Roi d'O-ware, il en fut bien accueilli ; il le trouva auprès de son fétiche qui consistait en un grand vase de terre glaise, rempli de bourdou ou vin de palmier, aux pieds duquel il venait de s'age-nouiller pour faire sa prière ; il tournait alors le dos aux débris d'un autel jadis décoré, qui avait été élevé par les Portugais au vrai Dieu auquel les Owariens paraissent croire, mais ne s'adressent jamais, parce qu'ils le sup-posent instruit de leurs besoins ; ils prient tou-jours le diable, dont leur fétiche est l'emblème, et lui offrent des sacrifices pour qu'il ne leur fasse pas de mal. Tous les habitans de ces contrées ont des fétiches particuliers ou communs, qu'ils consultent souvent, et sur-tout dans les affaires importantes ; ce sont des arbres, des oiseaux, des serpens, et toutes sortes d'amulettes diverses, dont la plupart sont creusées de manière à contenir de l'eau-de-vie ou du vin de palmier.

Palisot de Beauvois se rendit ensuite à Benin; il arriva près du roi le jour de la fête des Ignames, et assista à cette cérémonie: il vit le roi de Benin entouré de ses grands et de toutes ses femmes, planter un igname de ses propres mains en présence du peuple; il vit substituer au vase qui le contenait, un autre igname planté déjà depuis long-temps, et dont la végétation avancée excitait l'espérance et la joie bruyante des assistans. Il vit cette fête terminée par le sacrifice de trois nègres et de plusieurs animaux mâles ; il sut que dans d'autres fêtes annuelles, telles que celles du Corail, les Béniens sacrifient un beaucoup plus grand nombre d'esclaves, et qu'ils choisissent toujours ceux qui, faibles ou difformes, ne peuvent être vendus aux Européens. Il vit la fosse profonde et toujours ouverte qui sert à la sépulture des rois de Benin et dans laquelle, lorsque le roi défunt a été descendu, plusieurs de ses serviteurs se précipitent volontairement, et des affidés du nouveau roi jettent par force pendant trois jours tous ceux qu'ils rencontrent et qu'ils peuvent attraper. A côté de ces horribles usages, et qui sont encore plus atroces chez les Galbares, peuple voisin, qui mange ou vend au marché la chair humaine des esclaves et des prisonniers, M. *de Beauvois* a remarqué sur la route d'Agathon à Benin, celui de garnir de fruits et de vin de palmier des cabanes isolées et construites pour procurer de l'abri aux voyageurs ; il a vu que les nègres les plus pauvres ne profitent jamais de cette libéralité hospitalière, sans laisser en dépôt une valeur égale à celle des objets qu'ils ont consommés. Il a remarqué que le vol, très-rare entre les negres, est ordinairement puni par la perte de la liberté, tandis qu'il est très—commun envers les étrangers, contre lesquels il est en quelque sorte autorisé.

Il a trouvé dans ces pays l'esclavage dans la plus grande force, opprimant les dix-neuf vingtièmes des habitans sur lesquels les nègres libres, leurs maîtres, ont droit de vie et de mort. C'est dans le royaume de Benin, que M. *de Beauvois* a couru les plus grands dangers pour sa vie ; il avait cueilli une branche d'un arbre fétiche, et il eut peine à calmer le peuple irrité de cette violation : il osa ensuite faire confidence à un des habitans du pays, son interprète, du doute qu'il avait que le roi de Benin pût vivre sans manger, et qu'il revînt toujours sur terre dix ans après sa mort ; ce ne fut qu'à force de présens qu'il put obtenir le silence de celui auquel il avait confié ses doutes sur ces deux articles de croyance des Bénéniens.

M. *de Beauvois*, après avoir recueilli tout ce que l'histoire naturelle du pays pouvait lui fournir de curieux, revint à Oware, mais sa santé était vivement altérée ; il avait éprouvé précédemment de dangereuses indispositions, il fut attaqué en arrivant de la fièvre jaune : la plupart de ses compagnons de voyage étaient en proie aux mêmes souffrances, et un grand nombre y succombèrent ; il avait déjà perdu son beau-frère et son domestique qui l'avaient accompagné en Afrique. Sa bonne constitution et sur-tout son courage à surmonter le mal et à continuer un exercice violent pour son état, le mirent à même de triompher de la maladie, et il ne songea plus qu'à mettre à exécution le grand voyage qu'il avait projeté de faire dans l'intérieur des terres. C'était une entreprise que son zèle immodéré pour les progrès de l'histoire naturelle pouvait seul enfanter. Il voulait traverser l'Afrique toute entière de l'ouest à l'est, et revenir en Europe par l'Abyssinie, la Nubie et l'Egypte. Il espéra l'appui du roi d'Oware; mais ces souverains nègres croient avoir intérêt à ce que les étrangers ne pénètrent pas dans l'intérieur de leurs propres Etats ; à plus forte raison, ne pouvait-il pas aider notre naturaliste à parcourir tant d'autres peuplades nègres et tant de déserts et de contrées tout-à-fait inconnues, qu'il avait à franchir pour arriver en Abyssinie. Il accorda à M. *de Beauvois* quelques nègres, en apparence pour lui servir de guides, mais en réalité pour faire promptement avorter l'exécution de son entreprise.

Il partit donc accompagné de cinq nègres qui conduisaient sa pirogue, et après une navigation pénible, il arriva aux frontières du royaume d'Oware, et il en visita la dernière habitation : plus loin, il entra dans un désert où nulle créature humaine n'avait jamais pénétré; *Beauvois* se trouvait là maître de toute la nature ; il était dans l'enthousiasme du bonheur; il ne put résister à tracer sur place même, les sentimens délicieux dont il était alors inspiré; mais un combat furieux qui avait lieu sur la rive entre un lion et un léopard, lui apprit bientôt que les hommes policés ou sauvages ne sont pas les seuls êtres à redouter. Les animaux féroces qui peuplaient ce désert, et le ser-

pent géant le plus redoutable de tous, sem-
blaient se présenter pour lui en défendre
l'entrée, comme on voit dans le Camoëns le génie des tempêtes, le terrible Adamastor, s'op-
poser au passage de Vasco de Gama prêt à
doubler le Cap de Bonne-Espérance. Notre
voyageur, non moins intrépide que le héros
portugais, n'est point arrêté par de semblables
apparitions, il veut à tout prix poursuivre son
entreprise ; cinq jours encore, il vogue en
avant ; mais deux de ses nègres, saisis d'épou-
vante, l'avaient abandonné ; bientôt la rivière
qui se rétrécissait, se trouve barrée par une
multitude de troncs d'arbres renversés qui
bouchent le passage. En vain M. *de Beauvois*
veut forcer les trois nègres qui lui restent à
submerger la pirogue, et à la faire passer entre
deux eaux pendant ce long trajet ; leurs forces
ne leur suffisent pas, ils résistent à ses ordres
et à ses prières ; pendant deux jours entiers il
fait de vaines tentatives pour les forcer ou pour
les séduire ; arrivé à plus de deux cents lieues
de la côte, au tiers environ de sa route, il jette
enfin un dernier regard sur ce désert immense
qu'il avait entrepris de traverser, et, le déses-
poir dans le cœur, il se détermine à retourner

à Oware chercher des hommes mieux disposés à l'accompagner.

A son arrivée à l'établissement français, il trouve que les maladies avaient fait de nouveaux et terribles ravages; les cinq sixièmes de l'équipage avaient péri, et tandis que, résistant aux représentations du chef, il fait des préparatifs pour recommencer son voyage, la fièvre jaune le reprend et le conduit à deux doigts du tombeau. Il réchappe pourtant, mais sa santé délabrée, le scorbut dont il est fortement attaqué, le forcent à céder aux sollicitations du commandant, qui le détermine à partir sur un vaisseau négrier qui faisait voile pour Saint-Domingue.

Avant de s'embarquer, il eut une vive altercation avec le Roi d'Oware, contre lequel il était irrité à cause du fâcheux résultat de son voyage. Celui-ci, piqué du refus qu'il lui avait fait d'un mouchoir de soie, lui renvoya les premiers présens qu'il en avait reçus. M. *de Beauvois*, outré de cette insulte, les foula aux pieds en présence du ministre qui les lui apportait; il menaça de sa résistance personnelle, de l'attaque de la flottille française, et partit seul, aux risques de s'égarer dans la route. Le Roi fit courir après lui pour calmer son ressentiment, et lui envoya

des guides qu'il consentit avec peine à accepter.
Il s'embarqua enfin, en recommandant à l'établissement français les immenses collections
qu'il avait faites pendant ses quinze mois de
séjour sur cette plage si dangereuse, et dont le
vaisseau qui le portait ne pouvait se charger.
Mais tous ces objets, qui devaient être envoyés
à St.-Domingue, furent perdus lors de l'attaque
que les Anglais firent quelque temps après de
l'établissement français, qu'ils ravagèrent et dé-
truisirent entièrement.

M. *Palisot de Beauvois*, attaqué du scorbut
au plus haut degré, éprouva toutes les souffrances imaginables, dans une traversée de plus
de cinq mois, pendant laquelle il restait toujours alité, et pendant laquelle aussi le bâtiment
éprouva deux fois la disette de vivres et d'eau
potable. Il arriva enfin à St-Domingue; on le
transporta à terre, où le chirurgien qui le visita,
regarda son état comme tout-à-fait désespéré; il
le soigna néanmoins par humanité, et à son
grand étonnement, M. *Palisot* fut sur pied au
bout de deux mois de traitement. A peine rétabli,
il voulut rendre son séjour à Saint-Domingue
utile aux sciences, et il commença ses recherches
botaniques dans l'intérieur de l'île. Il parcourait à pied, dans tous les sens, la colonie, et

pénétra même dans la partie espagnole, où il recueillit beaucoup de plantes, de graines et d'animaux qu'il envoya en France ; il recueillit aussi des notions sur les mœurs, les coutumes et les instrumens des anciens indigènes. Il avait communiqué quelques-uns de ses mémoires à la société des sciences et arts du Cap Français, et il fut admis au nombre des membres de cette Société. Sa nomination à l'Assemblée provinciale du Nord lui fut apportée tandis qu'il était occupé à l'étude de la nature, au milieu des montagnes. Depuis, il fut nommé conseiller au Conseil supérieur du Cap.

En octobre 1789, un vaisseau français arriva au Cap, et annonça la révolution. La foudre ne marche pas avec plus de rapidité que ne le fit cette nouvelle ; le jour même de l'arrivée du vaisseau, l'égalité était proclamée au Cap, et personne ne pouvait impunément paraître dans les rues sans porter la cocarde tricolore.

M. *de Beauvois* soutint la cause des colons et prit pour eux part à cette guerre terrible, qui l'entraînait souvent pendant plusieurs semaines et sans aucun secours, loin de toute habitation. Il publia, en 1790, un écrit sur la continuation de l'esclavage dans les colonies ; il pensait, d'après ce qu'il avait vu à Oware et à Benin, que les esclaves et les prisonniers nègres qui sont toujours l'objet de la traite, sont beaucoup plus malheureux en Afrique, qu'ils ne le sont aux Antilles; il était persuadé d'ailleurs que l'abandon de ce trafic tendrait à généraliser chez les nègres l'horrible pratique des sacrifices humains; il croyait que cet usage ne s'était affaibli chez eux, qu'à raison du parti que le commerce avec les Européens leur permettait de tirer de leurs esclaves ou de leurs prisonniers, qu'ils destinaient autrefois à être immolés à leurs fétiches, et qu'ils avaient en partie remplacés depuis par des animaux domestiques.

M. *de Beauvois* fut chargé par les colons de réclamer les secours du ministre français, accrédité auprès des États-Unis d'Amérique : il obtint du crédit et des munitions; mais, à son retour au Cap, une fumée épaisse dérobait les habitans à ses regards. La liberté des Noirs avait été proclamée; la ville pillée, saccagée, incendiée, ne présentait plus qu'un monceau de ruines, et les blancs qui avaient pu se sauver, s'étaient réfugiés sur les vaisseaux pour échapper aux poignards des assassins. Le commandant du navire veut fuir cette terre de désolation; mais il avait à son bord le doyen du Conseil supérieur, et M. *de Beauvois.* On les arracha de ses bras, et ils furent incarcérés dans un cachot infect, et en proie à toutes les misères jusqu'au moment de la mort dont on les menaçait.

Les femmes, Messieurs, sont en tout temps, en tous lieux, les consolateurs de nos maux, nos soutiens dans les infortunes; une mulâtresse à laquelle M. *de Beauvois* avait donné précédemment la liberté, parvint, en faisant valoir cet acte de son affranchissement, à obtenir qu'il ne fût que déporté aux États-Unis. Elle arracha cet ordre aux juges, eux-mêmes étonnés de n'avoir pas cette fois prononcé la mort, et elle courut le porter au malheureux prisonnier, et le conduisit avec tous les effets qu'il put emporter, sur un vaisseau dans lequel sa place avait été retenue par elle.

M. *Palisot-de-Beauvois* partit donc, et en fut quitte pour une accusation d'incivisme, la perte de sa place au Conseil supérieur, et celle de tous les objets qu'il laissait à Saint-Domingue : mais ses malheurs étaient loin de finir; le vaisseau qui le portait fut, dans sa navigation, arrêté et pillé par un corsaire anglais; il ne lui resta pour tout bien, qu'une malle pleine d'effets, que le corsaire n'avait pas voulu visiter, par vénération pour des ornemens de franc-maçonnerie dont les objets qu'elle renfermait étaient recouverts;

il l'assurait que si des signes semblables eussent été dans chacun de ses coffres, il aurait reconnu qu'ils étaient réellement sa propriété, et il lui aurait tout rendu.

Arrivé à Philadelphie, avec 9 francs dans sa poche pour toute ressource, M. *de Beauvois* réclama inutilement en France des secours de sa famille et de ses agens. Il était sur la liste des émigrés : tous ses biens étaient séquestrés; ses talens seuls lui restaient, il en fit usage. Il joua du basson à l'orchestre de la comédie, il donna du cor au cirque d'équitation, pour faire manœuvrer et danser les chevaux; il donna aussi des leçons de langue française; mais, de toutes ses occupations, la plus remarquable sans doute fut le soin qu'il prit pour recueillir et classer les plantes et les insectes des environs de la ville qu'il habitait; il trouva encore un moyen d'existence en ordonnant et soignant le cabinet de M. *Péal*, amateur d'histoire naturelle.

Ses divers travaux avaient été assez lucratifs pour le mettre bientôt à même d'économiser une petite somme, avec laquelle il voulut faire un voyage dans l'intérieur des États-Unis. Les sciences sont aussi une espèce de franc-maçonnerie, qui commande en quelque façon la bienveillance réciproque entre ceux qui les cultivent;

M. *Adet*, chimiste distingué, était alors nommé ministre de France à Philadelphie ; à son arrivée, il accueillit avec intérêt M. *de Beauvois*, et l'aida à étendre ses recherches que le produit de ses talens agréables l'avait mis à même d'entreprendre, et vers lesquelles il était irrésistiblement entraîné.

Il partit donc, et parcourut à pied l'Amérique, du nord au sud, depuis New-Yorck jusqu'à Savannah, et de l'est à l'ouest, depuis les bords de la mer jusqu'à l'Ohio, au-delà des Apalaches. Il visita les tribus indiennes, et recueillit une belle collection d'objets d'histoire naturelle et de curieuses observations sur les mœurs des habitans. Il fit un assez long séjour chez les Creeks et chez les Cherokiès ; il y remarqua plusieurs usages pareils à ceux des peuples d'Oware et de Benin, particulièrement dans leur croyance et dans l'habitude qu'ils ont d'adresser leurs prières au mauvais génie, d'après ce motif, que le bon doit être suffisamment instruit de leurs besoins, et qu'il leur fait toujours tout le bien qu'il peut leur faire. C'est dans ces contrées, qui ont été déjà visitées par plusieurs voyageurs, que M. *de Beauvois* a vu les femmes être seules chargées de tous les travaux de la culture, de la récolte et de la préparation des grains et autres

alimens ; tandis que les hommes, couchés pres-
que tout le jour nonchalamment, sont occupés à
souffler dans une espèce de flûte, six notes toujours semblables ; ils n'exercent d'autres fonc-
tions que celles de la chasse pendant trois mois
d'hiver ; les femmes même alors, les accom-
pagnent et dépouillent et préparent les animaux
qu'ils ont abattus.

M. *de Beauvois* a indiqué avec soin l'emploi
que les Indiens font de plusieurs plantes, comme
alimens et comme médicamens , notamment
celui de l'écorce du tulipier, contre la morsure
des reptiles, et contre l'hydrophobie ; ce pays
lui a fourni beaucoup d'observations qu'il joignit
à celles qu'il avait déjà recueillies sur les serpens, et qu'il a publiées après son retour en
France. Il y trouva sur-tout un très-grand nombre
de serpens sonnettes ; il se convainquit que ces
animaux, moins dangereux qu'on ne le suppose,
sur-tout dans les saisons tempérées, n'attaquent
jamais les êtres dont ils ne font point leur nour-
riture , et ne mordent que lorsqu'ils ont été
touchés ou poursuivis ; il constata le fait qui
avait fait penser à quelques voyageurs, que ces
animaux mangent quelquefois leurs petits ; il a
vu en effet un serpent sonnette attaqué par lui,
prendre ses petits dans sa bouche et s'éloigner

du danger; mais il a vu ce même serpent re-
mettre à terre ses petits vivans, après que le
chasseur se fut éloigné. Il trouva aussi dans ces
contrées des débris d'animaux fossiles, qui étaient
encore inconnus aux naturalistes.

De retour à Philadelphie, au bout de trois années de voyage, M. *de Beauvois*, après avoir mis en
ordre ses nombreuses collections, voulut repartir
pour une tournée plus considérable encore, dans
l'intérieur du pays. Il était prêt à pénétrer beaucoup plus avant dans le Sud et dans l'Ouest; il
voulait visiter en allant, les Akansas au-delà de
Mississipi, et voir les Miamis à son retour; c'était
traverser du Sud au Nord le continent de l'Amérique, à 300 lieues dans l'intérieur des terres,
et sur une longueur égale à toute l'étendue des
États – Unis; mais la nouvelle de sa radiation
de la liste des émigrés lui parvint sur les Monts-
Alleghanis où il était déjà arrivé; l'espérance de
revoir enfin son pays, lui fit oublier ses maux,
et renoncer au voyage qu'il entreprenait; il s'ar-
rêta, rassembla ses collections, s'embarqua et
revint dans sa patrie en 1798, après douze années d'absence.

De nouveaux chagrins, plus cruels que ceux
qu'il avait alors éprouvés, l'y attendaient; en
partant, M. de *Beauvois* avait laissé quelques

affaires embarrassées; il avait donné les pouvoirs les plus étendus à sa femme et à ses agens pour les régler; au lieu de quatre ans d'absence, il en avait passé douze hors de sa Patrie. La révolution, pendant ce temps, avait anéanti une partie de ses revenus; les emprunts qu'il avait faits en pays étrangers, et qu'on avait dû solder en France en valeur métallique, avec des assignats dépréciés, avaient forcé à vendre des propriétés; le séquestre mis sur ses biens, comme émigré, avait tari les sources qui pouvaient l'aider, et des débats contentieux avaient accru les embarras. A son retour, il trouva ses affaires dans une confusion telle qu'après avoir fait le sacrifice de tout ce qui lui restait de biens-fonds, et après vingt-deux ans de séjour qu'il fit à Paris, il ne put, en mourant, les laisser complétement liquidées. Déjà, avant son retour, la connaissance qu'il avait d'une partie de ce désordre, avait altéré sa confiance dans ses agens, et même sa tendresse pour son épouse, qu'il croyait avoir investie d'un pouvoir suffisant pour les diriger et les contenir; des troubles intérieurs amenèrent de douloureuses résolutions; il vit fuir loin de lui le repos et les consolations dont il s'était fait une séduisante image, et dont il a trouvé plus tard le bienfait dans une seconde union qu'il contracta, lorsqu'il eut perdu sa première femme, qui mourut peu de temps après leur séparation.

Un travail assidu pouvait seul apporter quelque distraction à ses peines. Malgré les pertes qu'il avait faites à Oware et à Saint-Domingue, de belles collections et de ses journaux de voyage, il avait rapporté de nombreuses suites de plantes et d'animaux, il avait conservé dans sa mémoire les notions qui pouvaient servir à leur description, et il était impatient de publier ces documens dont la réunion avait été le but de ses voyages. Il commença par la Flore d'Oware et de Benin, ouvrage in-folio, qui contient un grand nombre de genres nouveaux et d'espèces jusqu'alors inconnues, et dont les cinq sixièmes ont déjà paru. Il publia aussi dans le même format, les insectes qu'il avait recueillis dans ses tournées; cet ouvrage est à moitié terminé. Il prépara les matériaux de la relation de ses trois voyages en Afrique, à Saint-Domingue, et dans l'Amérique septentrionale; le manuscrit du premier de ces ouvrages est complétement achevé; il rédigea un travail populaire sur les champignons comestibles, il y a indiqué ceux qu'on peut manger sans inconvénient, et quelle sorte de préparation on peut faire subir aux

autres pour les rendre moins indigestes ou
moins malfaisans; il publia un ouvrage remarquable sur l'agrostographie, ou la description
des graminées, dans lequel il assigna aux ordres
et aux genres des caractères qui rendent plus
commode l'étude de cette classe si difficile. A
cette occasion, on peut remarquer que les entre-
prises très-épineuses avaient seules de l'attrait
pour M. de *Beauvois;* on a vu que pour ses
voyages, il avait choisi les plus périlleux; pour
ses travaux botaniques, il avait préféré s'at-
tacher aux questions les plus ardues ; il avait
essayé aussi avec beaucoup de recherches déli-
cates et d'aperçus ingénieux, à éclaircir le mode
de la fructification des cryptogames, principalement dans les mousses, dans les algues, dans
les champignons et dans les lycoperdons ; il
avait entrepris un ouvrage sur les galles, et sur
les végétaux microscopiques, qui vivent sur les
autres plantes. Il a donné des mémoires sur la
physiologie végétale et notamment sur l'usage de
la moëlle dans la végétation, sur la correspon-
dance de la forme extérieure de l'étui médullaire
avec la disposition des branches, des rameaux
et des feuilles, sur la marche de la séve, sur les
trachées et sur la formation du bois; il a publié
un grand nombre de genres nouveaux et d'es-

pèces de plantes, d'insectes et d'autres animaux jusqu'alors inconnus; il a imprimé un mémoire étendu sur les serpens et sur une nouvelle classification de reptiles; une dissertation sur les cypéroïdes, d'après laquelle il a principalement établi que dans toute cette famille, les stigmates sont toujours en même nombre que les angles du fruit, et il en a tiré d'ingénieuses inductions pour classer d'une manière plus claire les genres et les espèces nombreuses de cet ordre; il a fait un cours d'histoire naturelle à l'Athénée des étrangers. Il a laissé aussi quelques manuscrits sur l'éducation publique, et sur l'origine et les progrès des sciences, des arts et des lettres. Il a publié une réfutation de l'ouvrage de M. *Clarckson*, relativement à la traite des nègres; un éloge de *Fourcroy*, et de nombreux articles insérés dans le Dictionnaire d'Histoire naturelle, dans la nouvelle édition de *Buffon*, par *Sonnini*, et dans les divers recueils périodiques, littéraires et scientifiques.

Reçu en 1806 au nombre des membres de l'Institut auquel il avait communiqué plusieurs mémoires, le fauteuil académique ne fit qu'accroître son ardeur et fut un nouveau véhicule pour l'engager à concourir efficacement, par des travaux utiles et nombreux, à la gloire de ce

corps savant. Il se levait de très-grand matin,
travaillait tout le jour, souvent aux heures des
repas même, et assez avant dans la nuit ; rare-
ment il allait au spectacle, c'était alors le seul
instant où l'on pût l'entretenir de ses affaires
personnelles. Il communiquait aux séances de
l'Institut et aux vôtres, Messieurs, les résultats
les plus curieux de son travail assidu ; il coor-
donnait ces collections qui lui avaient tant
coûté à rassembler, et dont l'Institut et les pro-
fesseurs du Muséum d'Histoire naturelle ont
fait une si honorable mention : il mettait au-
tant de zèle à en rédiger la description qu'il
en avait mis à les recueillir ; il paraissait occupé d'une seule pensée, d'un seul désir, c'était
d'enrichir les sciences naturelles du résultat de
ses travaux et de ses sacrifices.

Il semblait pressentir qu'une mort qui avait
reculé si souvent devant lui, viendrait bientôt
lui ravir le seul bien qu'il eût jamais ambi-
tionné, celui de faire partager à ses concitoyens
le fruit de ses découvertes. Son pressentiment
fut trop justifié, Messieurs ; cet homme coura-
geux, qui avait résisté à de si longues et de si
fortes épreuves, fut attaqué, dans le commence-
ment de janvier dernier, d'une fluxion de poi-
trine, et quelques jours seulement suffirent

pour l'enlever aux sciences et à notre amitié. Le plus beau monument à élever à sa mémoire sera, sans doute, la publication de ses œuvres inédites, et le vœu que nous formons ici de voir cette publication prochaine, est le dernier hommage que nous rendons au souvenir de M. *Palisot de Beauvois.*

FIN.